Colmar
France

City Map

 Glob:us

Colmar, France — City Map
By Jason Patrick Bates

First Edition: October 2017

Scale / 1:4000

| ▬▬▬▬▬ 50m

| ▬▬▬▬▬▬▬▬▬▬▬ 500ft

Map Overview

Map Symbols

▬	Highway	◉	Map continuation page	
▬	Street	····	Path	

♔	Archaeological site	▣	Kiosk
↥	Artwork	✕	Level crossing
▣	Atm	♨	Library
Ⴤ	Bar	♛	Lighthouse
⅍	Bicycle rental	▤	Memorial
▥	Biergarten	▦	Memorial plaque
✺	Buddhist temple	⊥	Monument
➾	Bus station	⌂	Museum
▤	Bus stop	☾	Muslim mosque
☕	Cafe	▥	Neighbourhood
⚠	Camping site	♫	Nightclub
⚞	Car rental	ℙ	Parking
◔	Cave entrance	▲	Peak
⌂	Chalet	ᵭ	Pharmacy
⚡	Charging station	⅟	Picnic site
✝	Church / Monastery	⅃	Playground
▤	Cinema	⅋	Police
⚖	Courthouse	✉	Post office
⚑	Department store	▥	Prison
❀	Dog park	▼	Pub
⚱	Drinking water	⊟	Railway
▣	Dry cleaning	♯	Restaurant
⬍	Elevator	⊤	Shinto temple
⚐	Embassy	ϕ	Sikh temple
☰	Fast food	⅄	Sports centre
⚓	Ferry terminal	⌸	Supermarket
♠	Fire station	❓	Taoist temple
⚶	Fountain	⊜	Taxi
▣	Fuel	✆	Telephone
⅄	Golf course	▦	Theatre
▟	Guest house	⅋	Toilets
⅗	Hindu temple	⌂	Townhall
⊕	Hospital	⅄	Traffic signals
▤	Hostel	✳	Viewpoint
▭	Hotel	⚶	Water park
i	Information	⌂	Wilderness hut
✡	Jewish synagogue	✗	Windmill

Rue Vincent de Paul

Rue Jean-Baptiste

Rue de Hollande

P

Rue des Carlovingiens

Rue de la 1re Armée Française

Rue Jean Jaurès

Route de Sélestat

Rue du Haut-Kœnigsbourg

Rue de Bruxelles

Rue du Général Guy Schlesser

Route de Sélestat

Rue Fleischhauer

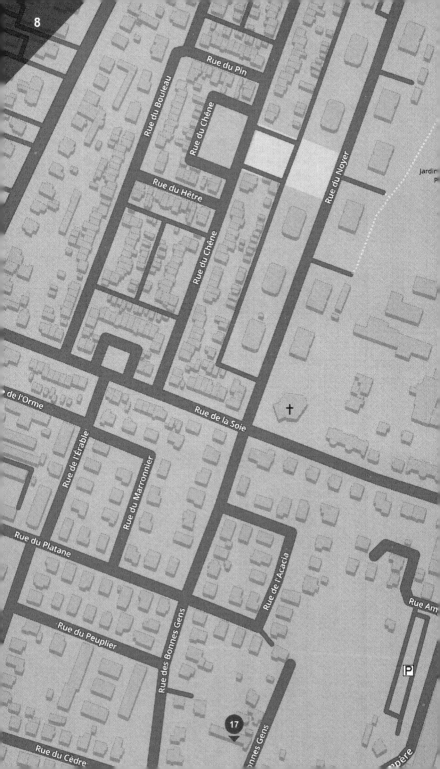

Rue du Pin

Rue du Bouleau

Rue du Chêne

Rue du Noyer

Jardir
p

Rue du Hêtre

Rue du Chêne

de l'Orme

Rue de la Soie

Rue de l'Érable

Rue du Marronnier

Rue du Platane

Rue de l'Acacia

Rue Am

Rue du Peuplier

Rue des Bonnes Gens

P

17

Rue du Cèdre

onnes Gens

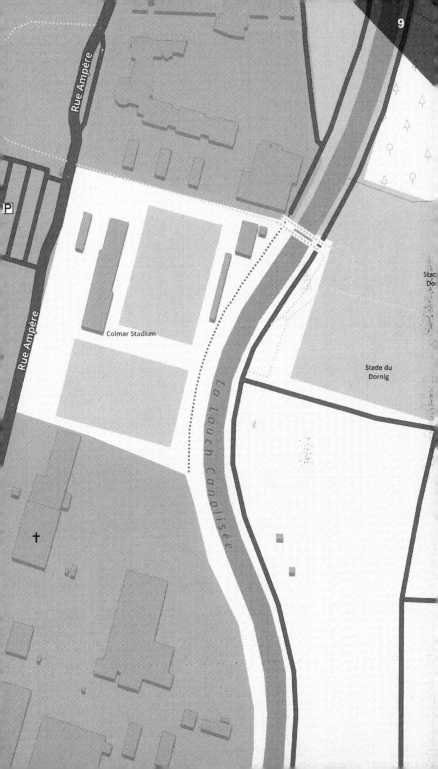

Rue Ampère

Rue Ampère

P

Colmar Stadium

La Louch Canalisée

Stad
Do

Stade du
Dornig

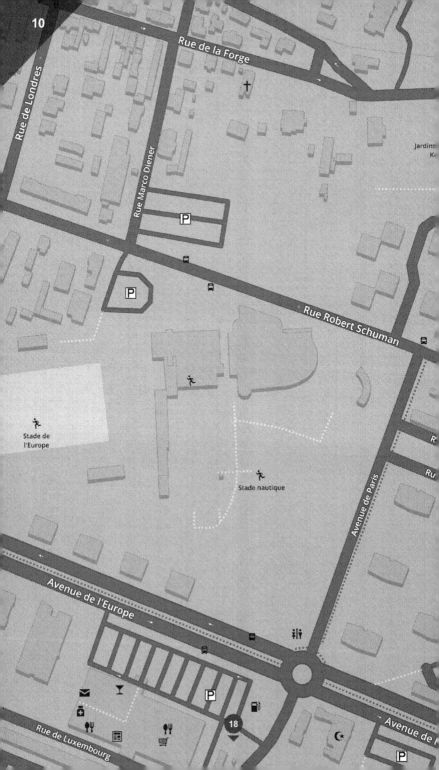

Rue de la Forge

Rue de Londres

Rue Marco Diener

Jardins
K-

Rue Robert Schuman

Stade de
l'Europe

Stade nautique

Avenue de Paris

R

Ru

Avenue de l'Europe

Rue de Luxembourg

18

Avenue de l

Rue Jean-Henri Dunant

elbach ←

delin

Rue Henri Schaedelin

Rue de Belfort

Rue David Ortlieb

Rue P
Meis

Rue Docteur Albert Schweitzer

Centre sportif
Jean-Jacques
Waltz

P

oratoire
nalyses
biologie
rrand

Cours du Languedoc

Cours de Provence

Rue de

Rue de Schongau

Rue de Turckheim

P

P

Rue Docteur Albert Schweitzer

Rue Docteur Émile Macker

Rue de Princeton

Rue Docteur Émile Macker

Rue Docteur Joseph Duhamel

cca

Laboratoire
d'Analyses
Médicales
Pasteur-Zup

19 Rue Docteur
Émile Macker

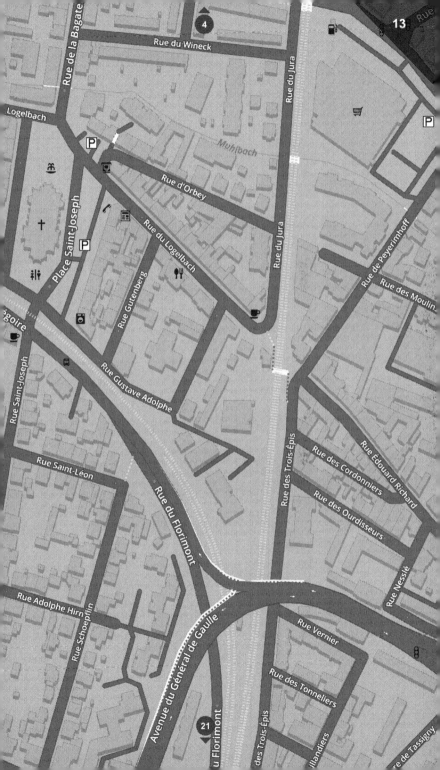

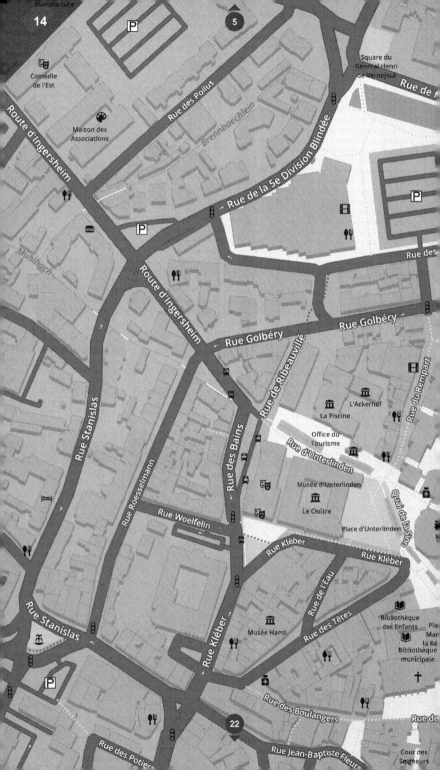

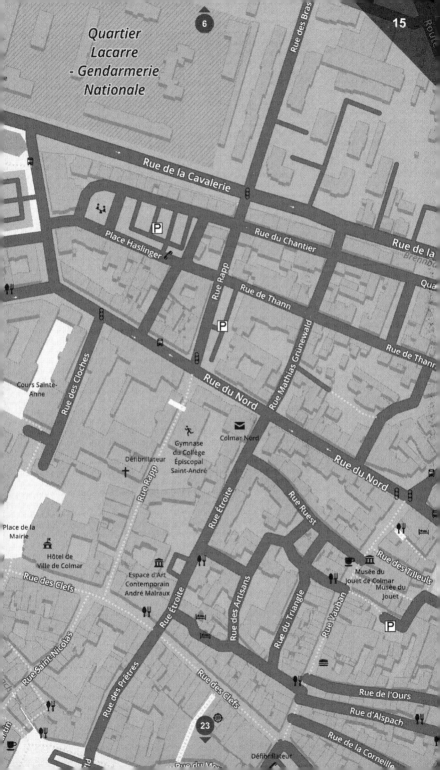

7

Rue

Rue du Ladhof

Stade du
Ladhof

Monument
aux Morts

Piscine Aqualia

Commisariat
de Police

valerie

es Lavandières

Avenue d'Alsace

Rue de Sélestat

Rue du Pigeon

Rue Rohrmuller

Brembaeo

Route de Neuf-Brisach

P

Route de Neuf-Brisach

Route de N

Avenue d'Alsace

Rue Nefftzer

Rue Saint-Éloi

P

Boutique
Hôtel James★★★★

Rue des Oies

Rue des Laboureurs

Rue du Grillenbreit

✝

Avenue d'Alsace

Rue de l'Est

Rue de l'Ours

24

Rue Billing

Rue des Bonnes Gens

Zone industrielle
EST

Rue du Canal

Rue du Gaz

Brennbaechlein

Route de Neuf-Brisach

Rue de la Bleich

Rue de la Solidarité

Rue Jacquard

Rue du Grillenbreit

25

8

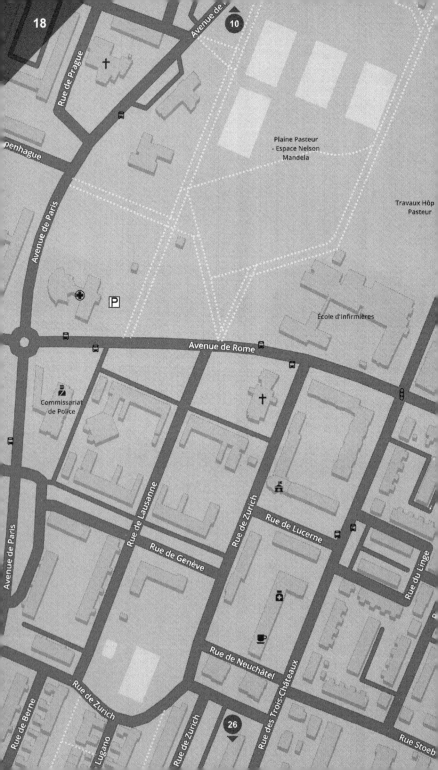

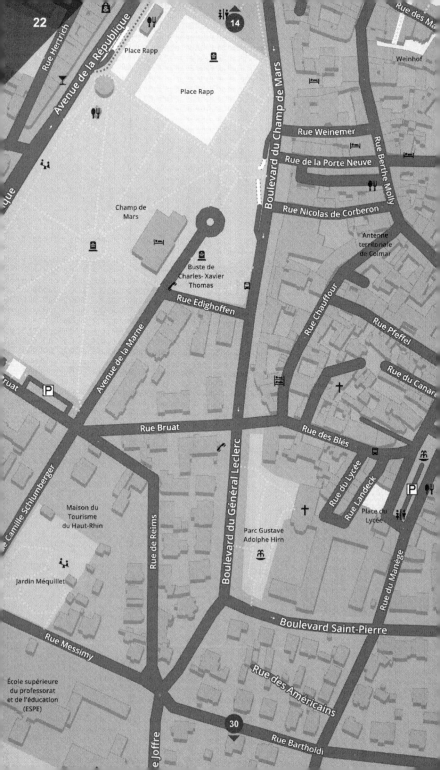

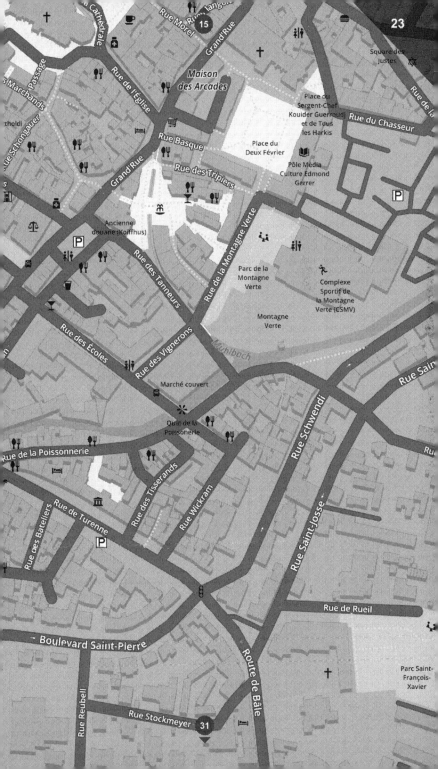

Bibliothèque
universitaire

Université
de Haute-
Alsace - Campus
Grillenbreit

17

uch Canalisée

P

P

P

Rue des Jardins

ue des Jardins

P

Dreistein

Rue de la Vinaigrerie

Rue du Trèfle

Rue des Vergers

Rue Charles Zwickert

Sentier de la Niederau

33 e du Landwasser

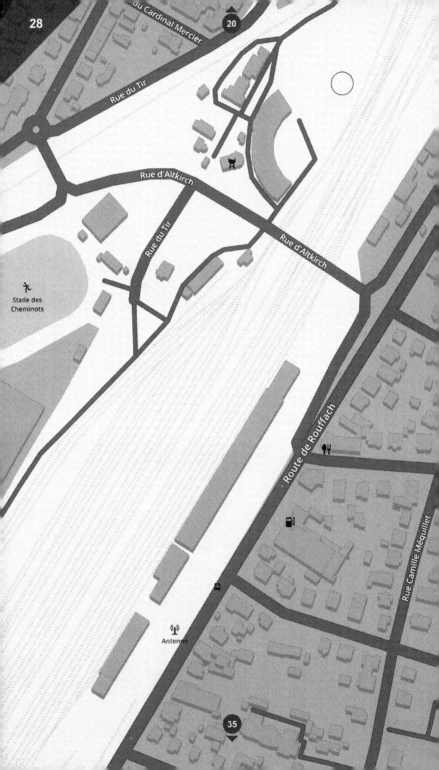

Rue du Cardinal Mercier

20

Rue du Tir

Rue d'Altkirch

Rue du Tir

Rue d'Altkirch

Stade des
Cheminots

Route de Rouffach

Rue Camille Méquillet

Antenne

35

Rue de la Se

Rue de la S

Rue Franklin Roosevelt

Route de Bâle

Avenue Georges Clemenceau

Avenue

Rue Serpentine

Rue Henri Lebert

Chemin de la Lauch

Lauchwerb

Rue du Boi

Route de Bâle

Clos des Mûriers

23

38

Conseil Départemental
du Haut-Rhin

Rue de la Semm

Rue de la Semm

e Fribourg

Rue des Jonquilles

Rue des Jonquilles

Kleiner Semm Pfad

Kleiner Semm Pfad

Rue Henri Lebert

Noehlen Weg

Chemin de la Silberrunz

Avenue d'Alsace

euri

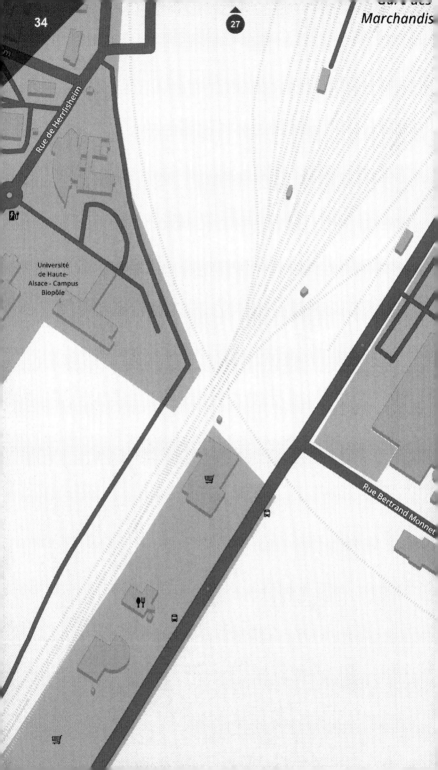

et du Collège
Épiscopal
Saint-André

30

Rue des Nénuphars

Rue des Anémones

Lauchwerb

Chemin de la Speck

Rue des Glaïeuls

Scherersbrunn Weg

Biberacker Weg

Scherersbrunn Weg

eckWeg
werb

Ritter Gaesslein

Chemin de la Speck

Route de Bâle

Allée Paul Cézanne

Chemin de Sainte-Croix

Rue des Primevères

Unterer Dreifu

Rue Michelet

Streets

...

1 place de la cathedral 15
26 avenue de la re-
    publique 22

A

Allée camille levrel . . 22
Allée de herrlisheim . 34
Allée paul cézanne . . 38
Avenue d'alsace . 16, 24,
    32, 38, 39
Avenue de fribourg . . 31,
    32
Avenue de l'europe . . 10,
    11, 18, 19
Avenue de la liberté
    19–21
Avenue de la marne . 22
Avenue de la
    république14, 21, 22
Avenue de paris . . 10, 18
Avenue de rome 18
Avenue du général de
    gaulle 13, 19–21, 26,
    27
Avenue foch . . 29, 30, 37
Avenue georges
    clemenceau . 30, 31
Avenue jean de lattre
    de tassigny . . 13, 14,
    21
Avenue joffre 22, 30
Avenue raymond
    poincaré . 21, 29, 30

B

Biberacker weg . . . 37, 38
Boulevard du champ de
    mars 14, 22
Boulevard du général
    leclerc 22
Boulevard saint-pierre
    22, 23
Brunnle weg 39

C

Centre commercial des
    clefs 15
Chemin de halage 9
Chemin de la lauch . . 31
Chemin de la niederau
    17, 25
Chemin de la silberrunz
    32, 39
Chemin de la speck . 31,
    37, 38
Chemin de sainte-croix
    37, 38
Chemin des aunes . . . 36
Chemin des maquisards
    35
Chemin des primeurs 33
Chemin du dornig 9
Chemin du hirzensteg
    24, 25, 32
Chemin du schoenen-
    werd 25
Cinéma cgr 14
Cité vincent de paul . . . 6
Clos de la grenouillère
    24
Clos des muriers . 31, 38
Cour 23
Cour des seigneurs de
    hattstatt 14, 22
Cour du hirzensteg . . 24,
    25
Cour waldner-stephan
    22, 23
Cours de provence . . . 11
Cours du languedoc . . 11
Cours sainte-anne 14, 15

D

Dreifinger weg 38
Dreistein weg 25
Dépose minute . . . 20, 21

E

Einen maeuerlein pfad
    38, 39
Entrée parking place
    rapp 22
Espace des marchands
    22

G

Grand'rue 15, 22, 23
Grosser semm pfad . 25,
    33

I

Impasse de la maison
    rouge 23
Impasse de la niederau
    25
Impasse hertenbrod . 14,
    22
Impasse hoffmeister . 23
Impasse michel de
    montaigne 35
Insel weg 36

K

Kleiner semm pfad . . 32,
    33

42

L

Lauchwerb 30, 31, 37, 38

M

Mittlerer noehlen pfad 33
Mittlerer semm weg . 33

N

Niklausbrunn weg . . . 39
Noehlen pfad 33
Noehlen weg . 32, 33, 39
Nonnenholz weg 33

O

Oberhoh weg 32, 39

P

Parking rue de l'abattoir 24
Passage 23
Passage de la tour verte 14
Passage du niderhoff 23
Passage monoprix 14, 15
Passage saint-martin . 15
Petite rue des ancêtres 15
Petite rue des blés . . . 22
Petite rue des tanneurs 23
Place billing 16, 17
Place capitaine dreyfus 20
Place charles spindler 12
Place d'unterlinden . . 14
Place de l'ancienne douane 23
Place de l'École . . . 14, 22
Place de la cathédrale 15, 22, 23
Place de la gare . . 21, 29
Place de la mairie . 14, 15
Place des dominicains 14, 15
Place des martyrs de la résistance 14, 15
Place des six mon-tagnes noires 22
Place des vosges . 18, 19

Place du 18 novembre 14
Place du capitaine dreyfus 20
Place du chanoine oberlechner 27
Place du deux février 23
Place du général andré hartemann 22
Place du lycée 22
Place du marché aux fruits 23
Place du sergent-chef kouider guer-roudj et de tous les harkis 23
Place haslinger 15
Place henri sellier 12
Place jean de lattre de tassigny 13, 14
Place jean-sébastien bach 7
Place jeanne d'arc 15, 23
Place rapp 22
Place saint-joseph 12, 13
Place sainte catherine 14
Pont ferroviaire 21

Q

Quai de la poissonnerie 23
Quai de la sinn 14
Quai des lavandières 15, 16

R

Ritter gaesslein 38
Route d'ingersheim 3, 4, 12–14
Route de bâle 23, 31, 38, 39
Route de neuf-brisach 15–17
Route de rouffach 21, 28, 29, 34, 35
Route de strasbourg . . 6
Route de sélestat . . 6, 7, 15, 16
Route de wintzenheim 26
Rue adolphe hirn . 12, 13
Rue alfred de musset 35, 36
Rue alfred de vigny . . 35, 36

Rue ampère 8, 9, 17
Rue anne frank 26
Rue aristide briand . . 30, 31, 37
Rue baldé 27
Rue bartholdi . 22, 23, 30, 31
Rue basque 23
Rue berthe molly . 22, 23
Rue bertrand monnet 34, 35
Rue billing 7, 16, 17
Rue bruat 21, 22
Rue camille méquillet 28, 29
Rue camille schlum-berger 21, 22, 29
Rue camille sée . . 20, 27, 28
Rue charles baudelaire 35
Rue charles grad 12
Rue charles koenig . . 35
Rue charles marie widor 6, 7
Rue charles sandherr 28, 29, 36
Rue charles zwickert . 25
Rue chauffour 22
Rue césar franck 7
Rue d'agen 4–6
Rue d'albi 20
Rue d'alspach 15, 16
Rue d'altkirch . 27, 28, 34
Rue d'arras 7, 16
Rue d'athènes 18
Rue d'eguisheim . 26, 27
Rue d'illhaeusern 7
Rue d'orbey 13
Rue d'ostheim 6, 7
Rue d'unterlinden 14
Rue daniel blumenthal 11, 12
Rue david ortlieb 11
Rue de belfort 11
Rue de berne 18, 26
Rue de bruxelles 6
Rue de budapest 18
Rue de castelnau 29, 30
Rue de copenhague . 18
Rue de genève 18
Rue de guebwiller 12, 19, 20
Rue de guémar 7
Rue de gyôr 10, 11
Rue de gérardmer 11, 12

Rue de hattstatt . . 26, 27
Rue de herrlisheim . . 27, 34
Rue de hollande 6
Rue de holtzwihr 7
Rue de houssen 4, 5
Rue de hyde 10, 11
Rue de kaysersberg . 12, 13
Rue de l'abattoir 24
Rue de l'abbé lemire . 10
Rue de l'abbé wetterlé 7, 8
Rue de l'acacia 8
Rue de l'ancienne mairie 22, 23
Rue de l'ancienne poste 22
Rue de l'ange 15
Rue de l'eau 14
Rue de l'enceinte . 15, 16
Rue de l'est 16, 24
Rue de l'hôpital 23
Rue de l'orme 7, 8
Rue de l'ours . . 15, 16, 24
Rue de l'Église 23
Rue de l'Érable 8
Rue de la 1re armée française . . . 5, 6, 14
Rue de la 5e division blindée 14
Rue de la bagatelle 4, 13
Rue de la bleich . . 16, 17
Rue de la cavalerie . 14–16
Rue de la cavallerie . . 15
Rue de la cigogne 23, 24
Rue de la concorde . . 30
Rue de la corneille 15, 23
Rue de la digue 9
Rue de la fecht 5, 6
Rue de la forge 10
Rue de la foulonnerie 10
Rue de la gare 21
Rue de la grenouillère 15, 23, 24
Rue de la herse . . 22, 23
Rue de la houblonniere 6
Rue de la houblonnière 6, 7
Rue de la laine 16
Rue de la lauch . . . 16, 17, 24, 25
Rue de la lavandière . 15
Rue de la légion Étrangère 27, 28

Rue de la mittelharth . . 3
Rue de la montagne verte 23
Rue de la paix 30
Rue de la poissonnerie 23
Rue de la porte neuve 22
Rue de la poudrière . . 10
Rue de la première armée française . 5, 6, 14
Rue de la schlucht . . . 19
Rue de la semm 23, 31–33
Rue de la soie 7–9
Rue de la solidarité . . . 17
Rue de la treille 3
Rue de la truite 23
Rue de la vinaigrerie . 25
Rue de lausanne 18
Rue de londres 10
Rue de lucca 10, 11
Rue de lucerne 18
Rue de lugano 18, 26
Rue de luxembourg . 10, 18
Rue de madrid 10
Rue de marbach 26
Rue de montbéliard . 30
Rue de morat 4
Rue de mulhouse 20, 28
Rue de neuchâtel 18
Rue de peycrimhoff . 13, 14
Rue de pfaffenheim . 26, 27
Rue de prague . . . 10, 18
Rue de princeton 11
Rue de reims 22
Rue de reiset 14, 15
Rue de ribeauvillé 14
Rue de riedwihr 7
Rue de rueil 23
Rue de saint-gilles . . . 26
Rue de schongau 11
Rue de sint niklaas 10, 11
Rue de soultz 20
Rue de sélestat 16
Rue de thann 15, 16
Rue de theinheim . 15, 16
Rue de turckheim 11–13, 20, 21
Rue de turenne . . . 22, 23
Rue de varsovie 10
Rue de verdun 29

Rue de wettolsheim . 26, 27
Rue de zurich 18, 26
Rue des abeilles 11
Rue des américains . 22, 30
Rue des ancêtres . 14, 15
Rue des anémones . . 37, 38
Rue des artisans 15
Rue des augustins 22, 23
Rue des aunes 36
Rue des bains 14
Rue des batches 12
Rue des bateliers 23
Rue des blés 22
Rue des bonnes gens 8, 17
Rue des boulangers . . 14
Rue des brasseries . 6, 7, 15
Rue des carlovingiens 5, 6
Rue des charpentiers 13
Rue des clefs . 14, 15, 23
Rue des cloches 15
Rue des cordonniers . 13
Rue des fleurs 23, 24
Rue des fossés . . . 24, 32
Rue des glaïeuls 37
Rue des gravières 5
Rue des hirondelles . . 11
Rue des iris . . . 29, 36, 37
Rue des jacinthes 36
Rue des jardins . . . 24, 25
Rue des jonquilles 31, 32
Rue des laboureurs . . 15, 16, 23, 24
Rue des lavandières . 15
Rue des maraîchers . 32, 33, 39
Rue des marchands . 22, 23
Rue des moulins . . 13, 14
Rue des nébuphars . . 37
Rue des nénuphars . 29, 36, 37
Rue des oies 16, 17
Rue des ourdisseurs . 13
Rue des papeteries . 4, 5, 13
Rue des poilus 14
Rue des potiers . . . 14, 22
Rue des primeurs 33
Rue des primevères . 37, 38
Rue des prêtres 15

Rue des roses . 24, 31, 32
Rue des serruriers 14, 15
Rue des taillandiers . . 13, 21
Rue des tanneurs 23
Rue des tilleuls 15
Rue des tirailleurs 27
Rue des tisserands . . . 23
Rue des tonneliers . . . 13
Rue des tourneurs . . . 23
Rue des tripiers 23
Rue des trois-châteaux 18, 26
Rue des trois-Épis 13, 21
Rue des têtes 14
Rue des unterlinden . 14
Rue des vergers 25
Rue des vignerons . . . 23
Rue des vignes 3, 4
Rue des vosges 19
Rue des Écoles 23
Rue docteur albert schweitzer 11, 12, 19
Rue docteur joseph duhamel 11, 19
Rue docteur Émile macker 11, 19
Rue du 1er cuirassiers 28, 35
Rue du 4e bataillon des chasseurs à pied 15
Rue du bois fleuri . 31, 32
Rue du bouleau 8
Rue du canal 17
Rue du canard 22
Rue du cardinal mercier 19, 20, 28
Rue du chanoine boxler 7, 8
Rue du chantier 15
Rue du chasselas . . . 3, 4
Rue du chasseur 23
Rue du chêne 8
Rue du conseil souverain 23
Rue du cèdre 7, 8, 17
Rue du docteur paul betz 18, 19
Rue du florimont . . 13, 21
Rue du frêne 7, 8, 16
Rue du galtz 5, 14
Rue du gaz 17
Rue du grillenbreit 16, 17, 25
Rue du général guy schlesser 6
Rue du hagueneck . . 20

Rue du haut-koenigsbourg 6
Rue du hohlandsbourg 19, 27
Rue du hohnack . . 18, 19
Rue du hêtre 8
Rue du jura 4, 13
Rue du ladhof . . . 7, 8, 16
Rue du landwasser . . 24, 25, 33
Rue du linge 18
Rue du logelbach . . 3, 4, 10–13
Rue du lycée 22
Rue du magasin à fourrage 14
Rue du manège 22
Rue du marronnier 8
Rue du merle 11
Rue du mouton . . . 15, 23
Rue du muscat 4
Rue du nord 15
Rue du noyer 8
Rue du peuplier 8
Rue du pflixbourg 18, 19
Rue du pigeon 16, 17
Rue du pin 8
Rue du pinot 3, 4
Rue du platane 7, 8
Rue du pont rouge . 3, 12
Rue du prunier 8, 9
Rue du quartier lacarre 5, 6, 14, 15
Rue du raisin 3, 4
Rue du rempart 14
Rue du rhin 17, 24, 25
Rue du riesling 4
Rue du savon 7
Rue du schauenberg 20, 21
Rue du stauffen 3
Rue du sylvaner 3, 4
Rue du tir 20, 21, 28
Rue du tokay 3, 4
Rue du traminer 3, 4
Rue du triangle 15
Rue du trèfle 24, 25
Rue du val saintgrégoire 12, 13
Rue du vieux-muhlbach 3, 4
Rue du weibelambach 4
Rue du wineck 13
Rue edighoffen 22
Rue erckmann-chatrian 19, 20

Rue fischart 19, 27
Rue fleischhauer 6
Rue franklin roosevelt 23, 31
Rue frédéric kuhlmann 7
Rue gambetta 21
Rue geiler 26
Rue george sand . 35, 36
Rue georges bizet 7
Rue georges lasch . . . 21
Rue golbéry 14, 15
Rue grandidier . . . 19, 20
Rue gustave adolphe 13
Rue gustave burger . . . 3
Rue gustave flaubert . 35
Rue gustave umbdenstock 7, 16
Rue gutenberg 13
Rue henner 28–30
Rue henri lebert . . 31, 32
Rue henri schaedelin 10, 11
Rue henry wilhelm . 4, 5, 13, 14
Rue hertrich 14, 22
Rue honoré de balzac 29, 36
Rue humbret 19, 20
Rue isenmann 12, 20
Rue jacquard 17, 25
Rue jacques preiss . . 13, 21, 22
Rue jacques thibaud . . 7
Rue jean jaurès 6
Rue jean joseph liblin 28, 35
Rue jean-baptiste fleurent 14, 22
Rue jean-baptiste weckerlin 6
Rue jean-henri dunant 11, 12
Rue jean-jacques rousseau 29
Rue jean-philippe rameau 7
Rue john fitzgerald kennedy 30
Rue jérôme boner 28, 35
Rue kléber 14
Rue landeck 22
Rue louis atthalin 26
Rue louis xavier widerkehr 4, 13
Rue louis-hector berlioz 7

Rue ludwig van
    beethoven 7, 8
Rue léon blum 30, 31
Rue léon boellmann . . 6
Rue maimbourg 27
Rue mangold 23
Rue marco diener 10
Rue mathias grünewald
    15
Rue mercière 23
Rue messimy 21, 22
Rue michel de mon-
    taigne 35,
    36
Rue michelet 38
Rue mogg 7
Rue morel 15, 23
Rue nefftzer 16
Rue nesslé 13, 14
Rue nicolas de cor-
    beron 22
Rue oberlin 29
Rue pasteur 3
Rue paul verlaine 35
Rue paul-jacques kalb
    29
Rue pfeffel 22
Rue pierre meister 11, 12
Rue rapp 15
Rue rené de
    chateaubriand . . 35
Rue reubell 23, 31
Rue robert schuman . 10,
    11
Rue rodolphe kaeppelin
    26
Rue roesselmann 14
Rue rothmuller 16
Rue ruest 15
Rue saint-guidon . 16, 24
Rue saint-jean 22, 23
Rue saint-joseph . 12, 13

Rue saint-josse . . . 23, 24
Rue saint-léon 12, 13
Rue saint-martin . . 15, 23
Rue saint-nicolas 15
Rue saint-Éloi 15, 16
Rue sainte-catherine . 12
Rue schaefferhof 15
Rue schickelé 24
Rue schoepflin 13, 21
Rue schongauer 23
Rue schwendi 23, 24
Rue serpentine 31
Rue stanislas 13, 14
Rue stockmeyer 23
Rue stoeber . . 18, 19, 26,
    27
Rue sébastien brant . 19,
    27
Rue tauler 27
Rue thomas 16, 24
Rue thomas murner . 19,
    27
Rue vauban 15
Rue vernier 13
Rue victor huen . . . 11, 12
Rue victor hugo . 28, 29,
    35
Rue victor schoelcher
    26
Rue voltaire 28–30
Rue weinemer 22
Rue wickram 23
Rue wilson 21, 28, 29
Rue wimpfeling . . 26, 27
Rue woelfelin 14
Rue wolfgang amadeus
    mozart 7
Rue Édouard bénès . . 12,
    20
Rue Édouard richard . 13,
    14
Rue Étroite 15

S

Scherersbrunn weg . . 37
Sentier de la niederau
    25
Sentier des bonnes
    gens 8, 17
Sentier du thannaeck-
    erle 15,
    16
Sortie parking place
    rapp 14, 22
Square du préfet
    claude Érignac
    22

T

Theinheimer weg . . . 8, 9

U

Unterer dreifinger weg
    38
Unterer traenk weg . 36,
    37

V

Vorderer semm weg . 32,
    33

W

Weinhof 22
Wolfloch weg 39

Points of Interest

A

Adolph House (Place de la Catedrale 16) 🏛 23
Al Amal Great Mosque 🏛 10
Albert Schweitzer Hospital 🏥 39
Anne Frank Sports Center 🏃 26

B

Bartholdi Museum 🏛 23
Bruat Fountain and Statue 🏛 22

C

Centre Thérapeutique de Jour (Day Health Center) 🏥 18
Christian Pfister Sports Center 🏃 26
Church of God 🏛 7
Château Kiener 🏛 . . . 29
Colmar Dojo Zen 🏛 5
Colmar Skate Ring 🏃 . 10
Colmar Stadium 🏃 9
Colmar Synagogue 🏛 23
Colmar Train Station 🚉 21
Commisariat de Police (Police HQ) 🚓 15, 16

D

Diaconat Clinic 🏥 35, 36
Domaine Viticole de la Ville (Wine Domain) 🏛 3

Dominican Church and Library 🏛 14

E

Espace d'Art Contemporain André Malraux (Contemporary Art Space) 🏛 15

G

General Rapp Square and Monument 🏛 22

H

Haute-Alsace University - Campus Biopôle 🏛 34
Haute-Alsace University - Campus Grillenbreit 🏛 25
House of Heads Building (Rue des Tetes) 🏛 14

K

Koifhus (Old Custom House) 🏛 23

L

L'Ackerhof Gallery (New Museum Extension) 🏛 14
La Piscine (New Museum Extension) 🏛 14

Ladhof Stadium 🏃 . . . 16
Le Petit Train Colmar Attraction (Rue Kléber 3) 🏛 14

M

Manneken Pis Statue (Rue des Augustins) 🏛 23
Montagne Verte Sports Complex 🏃 23
Monument Aux Morts 🏛 16
Musée du Jouet (Toy Museum) 🏛 15

N

Natural History Museum 🏛 23
Neo-Apostolic Church 🏛 8

P

Park and Statue of Marchal Lattre of Tassigny 🏛 21
Pasteur Hospital 🏥 . . 18, 19
Pasteur Plain and Nelson Madela's Space 🏛 18
Petit Vigneron Fountain (Rue des Vignerons) 🏛 23
Petite Venice (Little Venice) 🏛 23
Pfeffel House (Rue Pfeffel) 🏛 22
Pfeffel Sports Center 🏃 4

Made in the USA
Monee, IL
04 September 2021